DE KUNST VAN HETARGUMENTEREN

Ontwikkel uw gevoel voor repliek om altijd het laatste woord te hebben

50MINUTES.com

DE KUNST VAN HETARGUMENTEREN

Ontwikkel uw gevoel voor repliek om altijd het laatste woord te hebben

geschreven door Benjamin Fléron
vertaald door Nikki Claes

50MINUTES.com

DE KUNST VAN HET ARGUMENTEREN

- **Problemen?** Hoe win je een verbale confrontatie door de juiste repliek op de juiste toon te gebruiken?

- **Waarom?** Zichzelf de wapens geven om zijn mening te verdedigen, zichzelf te promoten en zijn professionele geloofwaardigheid te behouden.

- **Professionele context?** Human resources, persoonlijke ontwikkeling, professionele relaties.

- **FAQ**

  - Worden we geboren met 'repliek in ons bloed'?

  - Kan iedereen goed zijn in repliek?

  - Wat is het verschil tussen een goede repliek en een slechte?

  - Welke houding moet ik aannemen om een maximale kans op succes te garanderen?

  - Wat zijn de voordelen van het ontwikkelen van mijn repliek vaardigheden?

  - Hoe kan ik mijn repliek verbeteren?

  - Een collega plaagt me vaak met mijn uiterlijk, hoe kan ik daarop reageren?

  - Hoe reageer ik op mijn baas zonder hem te vervreemden?

Of het nu is na een verhitte discussie met collega's, een snedige opmerking van uw werkgever of een sollicitatiegesprek, u denkt misschien wel eens: "Waarom heb ik dat in godsnaam niet gezegd? Maar of het nu gaat om een scherpe repliek om het probleem aan te pakken, een retorische uitvlucht om een lastige vraag te ontwijken, of een humoristische manier om een gespannen situatie te bezweren, het antwoord is pas duidelijk als de strijd voorbij is - en vaak verloren. Gefrustreerd omdat je je niet zo goed hebt kunnen verdedigen als je had gewild, vernederd omdat je in het openbaar bent afgeknald zonder dat je wist hoe je moest reageren, ben je dan gereduceerd tot schelden op jezelf en je verdomde gebrek aan repliek. „Kon je dat maar leren", zeg je. Maar wie zegt dat het niet kan?

In tegenstelling tot wat sommige mensen misschien nog denken, is gevoel voor repliek niet iets wat aangeboren is. Het is geen zegen waarmee een bevoorrechte enkeling op wonderbaarlijke wijze wordt geboren, noch zit er een repeterend gen in ons DNA. Hoe komt het dan dat sommige mensen altijd met het grootste gemak de juiste zin kunnen bedenken, terwijl anderen onvermijdelijk plat op hun gezicht vallen als ze geestig proberen te zijn? Vaak hebben ze gewoon niet dezelfde levensgeschiedenis. De redenen waarom zij verschillend reageren op eenzelfde soort situatie kunnen zeer verschillende grondslagen hebben: de omgeving waarin zij zijn opgegroeid en geëvolueerd, de ervaringen die zij hebben opgedaan, de ontmoetingen die zij hebben gehad of zelfs hun eventuele opleiding om hun gevoel voor repliek beetje bij beetje te ontwikkelen en te verbeteren.

Het leren van deze kunst is niet voorbehouden aan een elite of aan bepaalde soorten individuen. Iedereen kan spreekvaardigheid verwerven als hij daartoe de wil heeft, bijvoorbeeld door zijn emoties te leren beheersen, door te leren improviseren, door zijn woordenschat en zijn repertoire van regels uit te breiden, of door zich te laten inspireren door de grote specialisten op dit gebied. Dus, of je nu introvert of extravert bent, of je een lange opleiding hebt genoten of niet, of je nu van hier of daar bent, ook jij kunt een specialist in retoriek worden, een professional in bijtende humor en een expert in tegenaanval, mits je de nodige moeite doet. Dus geen excuses meer, ga ervoor!

DE BASISPRINCIPES VAN DE REPLIEK

WAT HEB JE ERAAN IN DE WERELD VAN HET WERK?

Hoewel het nuttig is in veel alledaagse situaties, kan een gevoel van repliek bijzonder waardevol en nuttig zijn op de werkplek. Denk aan de werknemer die verdrinkt onder een stapel dossiers en die, uit angst zijn baan te verliezen door zijn baas te beledigen, niets durft te zeggen wanneer deze hem de zoveelste opdracht geeft; denk aan de werkzoekende die zo competent is, maar die nooit wordt teruggeroepen omdat hij de moed verliest wanneer een recruiter hem tot het uiterste drijft. Of denk aan de baas die klant na klant verliest omdat hij of zij nooit kan verantwoorden waarom de verschillende dossiers achterlopen. Of vraag jezelf af hoe de collega zich voelt als hij of zij de leiding heeft over een belangrijke presentatie en helaas een verkeerd antwoord stamelt op een vraag van zijn of haar leidinggevende. Dit zijn allemaal mensen die zich niet in zo'n slechte positie zouden bevinden als ze hun weerwoord hadden ontwikkeld.

Het verbeteren van uw spreek- en improvisatievaardigheden in het openbaar heeft vele professionele voordelen, en de downstream-effecten kunnen zeer gunstig zijn voor uw carrière en welzijn op het werk. Door bijvoorbeeld te leren tijdig te reageren op provocaties en gevoelige vragen, zult u zich meer op uw gemak voelen als het gaat om:

- presenteren aan een groot publiek, of dat nu klanten, collega's of besluitvormers zijn. U zult niet langer bang zijn voor opmerkingen of vragen, omdat u altijd het juiste antwoord bij de hand hebt;

- om een vertraging of fout te rechtvaardigen. Of je nu volledig schuldig bent of niet, je zult altijd een manier vinden om uit zo'n situatie te komen;

- U zult niet langer een anonieme en onzichtbare werknemer zijn, verpletterd door sterke persoonlijkheden. U zult niet langer een anonieme en onzichtbare werknemer zijn, overweldigd door de sterke persoonlijkheden, maar een volwaardig lid van het bedrijf en een belangrijk onderdeel van het dagelijks leven;

- om je gezag te laten gelden en het respect van je ondergeschikten te winnen zonder de tiran uit te hangen. Een baas of overste die niet weet hoe hij zich als leider moet opdringen zonder zijn ondergeschikten angst in te boezemen, zal niet worden gewaardeerd en bij een harde klap snel door hen in de steek worden gelaten;

- om te slagen voor een sollicitatiegesprek en om de stresstests te doorstaan die recruiters je waarschijnlijk laten ondergaan. Door in alle omstandigheden het hoofd koel te houden, overtuigt u recruiters gemakkelijker dat u de beste persoon bent voor de baan;

- om zaken te doen met potentiële klanten. Als u al hun vragen kunt beantwoorden en hun zorgen kunt wegnemen, waarom zouden ze u dan niet kiezen om hun belangen te behartigen?

Dit zijn slechts enkele van de potentiële professionele voordelen van een aangescherpt gevoel voor repliek. Maar voor degenen die deze delicate, maar kostbare kunst leren, zijn de voordelen ook voelbaar in het dagelijks leven, door meer zelfvertrouwen, nieuw gevonden sereniteit, gemakkelijkere gezelligheid, enz. Het zou dus betreurenswaardig zijn zich van de kennis ervan te onthouden.

WAT IS EEN GOEDE REPLIEK?

Maar alvorens te proberen de vaardigheden van een goed weerwoord onder de knie te krijgen, is het belangrijk jezelf deze fundamentele vraag te stellen, want het antwoord is niet zo vanzelfsprekend als het lijkt: moet een goed weerwoord agressief zijn en erop gericht zijn de tegenstander te pakken? Werkt een zachtere reactie die een nerveuze gesprekspartner kalmeert en een potentieel conflict in de kiem smoort niet net zo goed? Tot slot, wat te denken van een humoristische draai die een pijnlijke vraag slim omzeilt? Welke van deze houdingen verdient de voorkeur?

De waarheid is dat er niet één soort repliek is die beter is dan een andere, die in alle omstandigheden kan worden gebruikt, noch is er een magische formule of wonderrecept dat altijd effectief is. Het is een waarheid als een koe, maar uiteindelijk is de juiste repliek degene die werkt! Op welke factoren moet u uw keuze voor de meest geschikte oplossing baseren?

Factoren waarmee rekening moet worden gehouden

- De status en persoonlijkheid van uw gesprekspartner

U zult natuurlijk niet op dezelfde manier reageren op een collega die u uit het hoofd kent en die dezelfde hiërarchische status heeft als u, of op uw nieuwe werkgever die u net leert kennen en aan wie u verantwoording moet afleggen. U moet rekening houden met de persoonlijkheid van de persoon tegenover u: het feit dat u rechtstreeks rapporteert aan deze manager betekent niet dat hij of zij niet ontvankelijk zal zijn voor een eerlijke en directe opmerking. Volgens deze logica reageert niet iedereen op dezelfde manier op verschillende soorten humor: twee collega's kunnen verschillend reageren op een zachte plagerij; donkere humor zal bij de ene persoon bijzonder goed werken, terwijl luchtige humor bij diezelfde persoon totaal niet aanslaat. Het is dus belangrijk eerst te weten tegen wie je praat als je je antwoord op maat wilt maken.

De achtergrond

Robert, met wie je al bijna 10 jaar samenwerkt en die je als een vriend beschouwt, plaagt je met de paar kilo's die je tijdens de vakantie bent aangekomen. Robert is niet erg lang en heeft erg veel zelfspot, dus je aarzelt niet om terug te zeggen dat jij de centimeters in taille hebt gewonnen die hij in lengte vergat te winnen! Robert lacht: hij had het verdiend. Een paar uur later maakt Roger, niet groter dan Robert, maar wel erg zelfbewust over zijn lengte, dezelfde opmerking. Je geeft hem natuurlijk hetzelfde antwoord, maar Roger reageert veel minder goed dan Robert en is erg boos op je. Tenslotte is het de beurt aan Eric, het pas gearriveerde afdelingshoofd, om je met een glimlach te vragen of je niet een beetje te veel kalkoen hebt gegeten met Kerstmis. Eric lijkt nogal vriendelijk en je weet dat hij een grapje maakt, maar hij blijft je baas en je kent hem niet goed genoeg om "iets terug te doen", dus je glimlacht gewoon en antwoordt dat een beetje dieet geen kwaad kan.

- De toon van de persoon met wie u spreekt

Luister niet alleen naar wat ze te zeggen hebben, let goed op hun toon. Is hij of zij boos? Is hij of zij boos op jou persoonlijk of op een situatie waar je niets aan kunt doen? Plaagt hij of zij je zachtjes of probeert hij of zij je wreed te kwetsen? Valt hij je echt aan of maakt hij gewoon een onschuldige opmerking die hij niet beseft? Door deze vragen te beantwoorden kunt u beter de toon kiezen waarop u reageert. Dit voorkomt dat u overdreven reageert, wat zou kunnen worden opgevat als paranoia of gebrek aan zelfvertrouwen, en dat u zich in het volle zicht laat trappen, wat uw geloofwaardigheid zou aantasten.

<u>De achtergrond</u>

Marcel en Fabien zijn opgeleid als elektriciens en onderhouden de elektrische systemen van oude huizen. Nadat ze de verwachte dienst hebben verleend, overhandigen ze de rekening aan hun respectieve klanten, die dezelfde reactie hebben: "Het is gek hoe de kosten van levensonderhoud stijgen. Tien jaar geleden rekende je collega me twee keer zoveel! Marcel knikt en glimlacht: "Het is waar... Gelukkig werk ik twee keer zo hard! De klant lacht terug en houdt Marcels nummer. Fabien voelt zich op zijn beurt beledigd door de opmerking: "Je noemt me toch een dief? "Nee, je hebt me verkeerd begrepen", antwoordt de klant, die haastig betaalt om zijn goede trouw te bewijzen. Fabien vertrekt nijdig, terwijl de klant, geschroeid door Fabiens reactie, geen beroep meer op hem zal doen.

• De context waarin de interactie plaatsvindt

Is het een informeel gesprek voor de koffieautomaat of een belangrijke vergadering met alle aanwezige medewerkers? Zijn er klanten aanwezig of is het een interne vergadering? Is de dag buitensporig moeilijk geweest voor de persoon met wie u praat, misschien tot het punt waarop u weet dat hij niet meent wat hij zegt? Er zijn situaties waarin humor niet gepast is en andere waarin het juist wel gepast is, net zoals er momenten zijn waarop het het beste is om een punt duidelijk te maken en andere wanneer het het beste is om je boodschap op een subtielere manier over te brengen.

<u>De achtergrond</u>

De dag eindigt als Paul de laatste hand legt aan een dossier dat de volgende dag klaar moet zijn. Plotseling stormt John, zijn meerdere, zijn kantoor binnen om hem zijn traagheid te verwijten, met het argument dat hij het dossier gisteren had moeten afmaken (hoewel hij de taak pas vandaag heeft gekregen). Maar het is niets voor John om tegen zijn ondergeschikten te schreeuwen, laat staan zonder goede reden. Paul staat op het punt de bal op dezelfde toon naar hem terug te gooien, als hij zich herinnert dat John vanmiddag aan de grote baas verslag moest uitbrengen over de voortgang van een veel belangrijker zaak. En als we de geruchten mogen geloven, ging de ontmoeting helemaal niet goed. Paul begrijpt de stemming van zijn collega beter en kiest voor een andere strategie: hij legt rustig uit dat hij diens boosheid begrijpt, maar dat die niet op hem gericht hoeft te zijn, dat hij het dossier pas in de loop van de dag heeft gekregen en dat hij zijn best heeft gedaan om het snel af te maken. John geeft zijn fout toe en kalmeert onmiddellijk.

• Uw persoonlijkheid

Door uw repliek te ontwikkelen, voegt u nieuwe wapens toe aan uw arsenaal, en verandert u wellicht uw imago in de ogen van sommige mensen, die uw evolutie zullen opmerken. Dit is onvermijdelijk en niet noodzakelijk een slechte zaak. Aan de andere kant moet je niet overdrijven door je voor te doen als iemand die je niet bent. Begin bijvoorbeeld niet opeens vetmoppen te maken als je daar een hekel aan hebt en er nog nooit om hebt gelachen. Misschien wil je beginnen met een paar pikante opmerkingen die meer bij je passen. In dezelfde geest moet je niet plotseling een stoere vent worden als je altijd een zacht karakter hebt gehad. Wees assertiever en laat niet met je sollen, zonder bedreigend te zijn voor je tegenstander. Het is aan jou om te kijken wat voor jou het beste werkt, waar je je prettig bij voelt en waar niet. Een repliek is pas doeltreffend als hij met vertrouwen en natuurlijkheid wordt gebracht. Je zult niemand overtuigen als je klinkt alsof je te hard probeert.

<u>De achtergrond</u>

Peter zegt nooit nee, dus zijn collega's hebben de gewoonte om veel van hun taken op hem af te schuiven zonder het te beseffen. Dus als de dag eindigt, is Peter uitgeput van het omgaan met andermans kleine problemen en zijn eigen problemen. Peter denkt dat hij waarschijnlijk te aardig is en dat hij van gedachten moet veranderen. Omdat hij niet weet hoe hij dit moet doen, maar begrepen heeft dat zijn extreme vriendelijkheid de bron van zijn problemen was, ziet Peter het tegenovergestelde gedrag als de oplossing voor al zijn problemen. Hij overtuigt zichzelf ervan dat hij de slechterik moet zijn, maar zijn eerste pogingen lopen uit op een mislukking. Hij handelt volledig in strijd met zijn persoonlijkheid en karakter, en is niet erg overtuigend. Peter voelt zich belachelijk en keert al snel terug naar zijn oude gewoontes.

ENKELE BEROEMDE UITSPRAKEN

- Lady Astor (Brits politica, 1879-1964) roept in onenigheid met Churchill (1874-1965) uit: "Winston, als ik je vrouw was, zou ik gif in je drankje doen! Churchill's antwoord: "Nou, Nancy, als ik je man was, zou ik het opdrinken!

- Albert Einstein (1879-1955) aan Charlie Chaplin (1889-1977): "Wat ik het meest bewonder aan uw kunst is de universaliteit ervan. Je zegt geen woord en toch begrijpt de hele wereld je. Dat is waar," antwoordt Chaplin. Maar uw glorie is nog groter: de hele wereld bewondert u, terwijl niemand u begrijpt.

- Hardy, komiek, richt zich tot zijn metgezel Laurel: "Maar je hebt het glas helemaal leeg. We moesten het half en half delen. Laurel antwoordt: "Ik kon het niet helpen, mijn aandeel was onderaan."

DE JUISTE HOUDINGEN

Er bestaat niet zoiets als een onfeilbaar antwoord in alle omstandigheden, maar het is absoluut noodzakelijk een paar essentiële punten te kennen om ervoor te zorgen dat uw repliek doeltreffend is. Door ze in gedachten te houden, heb je al een grote stap gezet op weg naar het beheersen van deze praktijk.

Heb vertrouwen in jezelf

Zoals we zojuist hebben gezien, heeft een zin veel meer kans om zijn doel te bereiken als hij met aplomb en overtuiging wordt gebracht. Uw houding is essentieel, misschien zelfs meer dan de zin zelf. Wees dus zelfverzekerd en wees niet bang om te missen. Hou je hoofd hoog, sta op en ga ervoor! Als, zoals Michel Audiard, de grote man van de Franse film, zei: "een zittende intellectueel gaat altijd minder ver dan een wandelende idioot", dan zal een slechte zin die met overtuiging wordt uitgesproken altijd meer gewicht in de schaal leggen dan een goede die met vrees wordt gemompeld!

Goed om te weten.

Wees je bewust van je sterke en zwakke punten. Door ze te aanvaarden kun je ermee spelen, vooral door zelfspot, om je kwaliteiten uit te bouwen en je tekortkomingen te compenseren.

Houd het casual

Een goede repliek moet niet de indruk wekken dat je er je leven op inzet. Neem jezelf niet te serieus! Ook al wordt het vaak "vergelding", "confrontatie" of "verbale aanval" genoemd, leer dit soort uitwisseling te zien als een spel, niet als een oorlog. Ontspan, geniet en vooral: glimlach! Wat is er ontwapenender? Het is het beste bewijs dat de nare dingen die in je gezicht gesmeten kunnen worden je niet raken, omdat je weet wat je waard bent en je veel meer krediet geeft aan je eigen oordeel dan aan dat van een ander. Als bonus zul je veel natuurlijker en meer ontspannen zijn, en dus minder moeite hebben om de juiste woorden te vinden om je uit te drukken.

Blijf spontaan en neem een stap terug

"Daar ligt nu juist de moeilijkheid", zult u zeggen. Dit is inderdaad wat meestal het probleem vormt. Het juiste antwoord wordt vaak gevonden… maar meestal een beetje te laat. De oplossing is eenvoudig: stop met het zoeken naar het perfecte antwoord! Luister goed naar de persoon met wie je praat, begrijp de bedoeling achter wat hij zegt en reageer op een natuurlijke manier.

Door je te richten op de ander, zijn of haar houding, toon en woorden, ben je niet langer op jezelf gericht en krijg je enige afstand van de situatie. Je zult dan beter in staat zijn spontaan te reageren zonder verlamd te worden door je emoties. Het is geen toeval dat je de perfecte reactie niet in het heetst van de strijd bedenkt, maar pas nadat de spanning is afgenomen. Dat komt omdat je tijd hebt gehad om een stap terug te doen en je emoties tot rust zijn gekomen, en je verstand het heeft overgenomen. Zelfs als het niet voor de hand ligt, vereist een effectieve repliek dat u zich losmaakt van het lopende gesprek.

Let op je lichaamstaal

Verwaarloos niet het belang van lichaamstaal voor het succes van uw repliek. Je houding en lichaamstaal zeggen meer over jou en je gemoedstoestand dan je beseft, dus besteed er bijzondere aandacht aan, anders vallen je beste lijnen weg. Maar elke beweging afwegen is natuurlijk niet mogelijk en zelfs niet aan te raden (je wilt er niet uitzien als een robot!), en zelfs de deskundigen zelf hebben soms moeite om het eens te worden over wat een bepaald gebaar betekent. Maar gelukkig zijn er een aantal instinctieve fysieke houdingen en reflexen waar je op moet letten. Als je bijvoorbeeld tijdens een verbale aanval je armen over elkaar slaat, verraad je je ongemak net zo goed aan de ander als wanneer je begint te stotteren.

Probeer in plaats daarvan een meer open houding aan te nemen: schouders natuurlijk recht, armen aan uw zijde en voeten uit elkaar. Hierdoor zie je er zelfverzekerder uit. Als je dat niet kunt, maak er dan een gewoonte van je duimen in de lussen van je broek te steken, zodat je zeker weet dat je je armen niet kruist en altijd een open houding aanneemt! Let ook op die gebaren die je soms maakt zonder het te beseffen, maar die je elke keer weer verraden:

- De blik van de ander vermijden als je liegt;

- raak je neus aan als je je ongemakkelijk voelt;

- met je voet op de vloer tikken als je nerveus en gestrest bent;

- op je lippen of nagels bijten als je angstig bent;

Je hoeft geen specialist te worden om deze schadelijke fouten niet meer te maken. Je hoeft alleen maar je eigen gewoontes en tics te identificeren en er één voor één een einde aan te maken.

TOP TIPS

- **Luister!** Dit is het beste advies dat je kunt geven. Om te weten wat en hoe je moet reageren op wat de ander zegt, moet je eerst zijn boodschap hebben begrepen en goed hebben geluisterd. Zoals eerder gezegd, moet je niet alleen letten op wat ze zeggen, maar ook op hun toon, lichaamstaal, uitdrukkingen, enz. Welke boodschap probeert hij of zij over te brengen? Wat is de bedoeling ervan? Wat zijn de gebreken in hun toespraak die in jouw voordeel kunnen worden uitgebuit? Ten slotte, wees op zoek naar goede woorden, verwoestende humor, ingenieuze formules, enz. in het dagelijks leven of op televisie, je hoort ze elke dag, dus waarom ze niet zelf maken? Het is nog steeds de makkelijkste manier om je arsenaal op te bouwen.

- **Oefenen!** Er bestaan geen wonderen: gevoel voor repliek komt niet zomaar uit de lucht vallen, en je wordt niet in een oogwenk een expert in bijtende replieken en ontwijkingen. Zoals alles wat je kunt leren, kost het tijd, oefening en oefening. Schrijf de regels die je mooi vindt op en lees ze voor tot ze natuurlijk klinken. Oefen ze desnoods voor de spiegel (niemand zal je zien!) en test ze in reële omstandigheden. Analyseer hun impact, wat werkte en wat niet. In dezelfde geest, in plaats van weg te lopen van debatten uit angst om er als een idioot uit te zien, maak er een gewoonte van om eraan deel te nemen. Alleen zo kom je stap voor stap vooruit. Ben je er bang voor? Er is niets op tegen om het rustig aan te doen, te beginnen met deel te nemen aan debatten waarin de onderwerpen van weinig belang en niet erg emotioneel geladen zijn. Televisieprogramma's, sportevenementen of actuele mode worden perfecte oefenterreinen om je mening te uiten en je vaardigheden te testen. Je zult snel leren welke zinnen je punten opleveren, maar ook welke niet, of wanneer je je stem moet verheffen en wanneer je wat koeler en afstandelijker moet zijn.

- **Laat je inspireren!** Bepaalde categorieën mensen staan bekend om hun gevoel voor formule, dus waarom zou je je niet door hen laten inspireren? Toneelmensen hebben bijvoorbeeld baat gehad bij cursussen improvisatie, maar ook bij toneelexpressie, waardoor zij zich fysiek kunnen opdringen en de ruimte kunnen innemen op een manier waartoe slechts weinigen in staat zijn. Bovendien beschikken zij doorgaans over een aanzienlijke literaire cultuur waarop zij zich kunnen beroepen. Politici daarentegen staan erom bekend dat zij terugslaan en in natura reageren op de verschillende verbale opmerkingen die aan hen worden gericht. Ze zijn ook meesters in het ontwijken van vragen die hen in een lastig parket kunnen brengen. Dus verslind de politieke debatten en interviews zonder matiging, en maak er het beste van! Laten we tenslotte niet vergeten dat we in het tijdperk zijn van de beroemde TV-sluipschutters. Of ze nu bekende critici of eenvoudige komieken zijn, ze staan erom bekend dat ze sneller dan hun schaduw zwaar geschut trekken en niet op zich laten zitten.

KLEIN PLUSPUNT

Door naar hun interventies te kijken, kun je het gedrag van hun aangewezen "slachtoffers" vrijelijk bestuderen. Houden ze stand? Zijn ze gelijk? Zo ja, hoe? Zo niet, welke houding missen ze dan?

- **Laat je emoties niet de overhand krijgen!** Dit is waarschijnlijk een van de moeilijkste tips om uit te voeren, maar ook een van de belangrijkste. Wat is er menselijker dan emotioneel te reageren op wat je ziet als agressie of een persoonlijke aanval? Als je je sterk betrokken voelt bij de kwestie, is het nog moeilijker om afstandelijk te zijn. Het is echter noodzakelijk dat u het hoofd koel houdt en uw zenuwen onder controle houdt, anders loopt u het risico uw zenuwen te verliezen. Onthoud: u gokt niet met uw leven, dus raak niet onnodig in paniek! Alleen dan kunt u al uw intellectuele middelen in recordtijd gebruiken.

- **Werk aan je fysieke aanpak!** Het kan niet genoeg gezegd worden: de manier waarop je een zin uitspreekt is minstens zo belangrijk als de zin zelf. Houd in gedachten dat vorm alles is en dat een zin niet dezelfde impact zal hebben als je hem mompelt met je hand voor je mond, je kin op je borst en je ogen wegkijkend alsof je hem hardop zegt, met je schouders recht, een glimlach op je gezicht en je ogen in je ogen. Deze lichaamstaal zegt meer over u dan u denkt, en de uitkomst van een debat hangt er vaak van af. Aarzel niet om acteerlessen te nemen, er is geen betere school om je lichaam te ontdekken en te leren er een waardevolle bondgenoot van te maken.

- **Begin niet verslagen!** Je zult nooit een verbale confrontatie winnen als je ervan overtuigd bent dat je die gaat verliezen voordat je zelfs maar gevochten hebt. U hebt misschien gehoord van de gewoonte van grote sporters om zich voor te stellen dat ze de trofee in de wacht slepen nog voor ze aan de wedstrijd hebben deelgenomen? Dit wordt positieve autosuggestie of positief denken genoemd: door jezelf voor te stellen dat je slaagt en dit steeds weer als een mantra te herhalen, creëer je de mentaliteit van een winnaar en daarmee de voorwaarden voor succes. Laat je inspireren door deze methode en bouw een positief mentaal beeld op waarin je zelfverzekerd en beheerst reageert op een verwarde interviewer. Door de scène op deze manier in gedachten te visualiseren, zult u zich veel comfortabeler en zelfverzekerder voelen wanneer de situatie zich werkelijk voordoet.

 ## DE METHODE COUÉ

Emile Coué (Frans psycholoog en apotheker, 1857-1926) ontwikkelde een methode van autosuggestie. Het is gebaseerd op het idee dat als onze geest ervan overtuigd is dat we iets kunnen bereiken, alles mogelijk is. De persoon moet zichzelf aanmoedigen door verschillende keren positieve zinnen te herhalen.

- Neem jezelf niet te serieus! Wees humoristisch en zelfspot, leer om jezelf te lachen. Dit maakt je sterker dan het gaat om het incasseren van kritiek en spot, omdat het je niet raakt. En wat is een betere manier om je tegenstander te destabiliseren dan zijn eigen munitie tegen jezelf te gebruiken en deze met een glimlach onschadelijk te maken? Ben je korter dan een van je collega's en wijzen ze je daar graag op? Zeg hen dat je een job doet die omgekeerd evenredig is met je grootte. Word je aangevallen omdat je overgewicht hebt? Antwoord met een glimlach dat je nooit het lekkere eten van je partner kunt weerstaan! Aarzel niet om op stereotypen in te spelen. Denk aan die komieken die bewust een laagje toevoegen over hun afkomst, hun geslacht of hun religie en de vooroordelen die daaruit voortvloeien. Jamel Debbouze (een komiek uit een Parijse buitenwijk en oorspronkelijk uit Marokko, geboren in 1975) heeft zijn comedycarrière gebouwd op clichés over jongeren uit woonwijken en immigratie, terwijl de Amerikaanse filmregisseur Woody Allen (geboren in 1935) de eerste is die lacht om de vermeende goedkoopheid van Joden, ook al is hij zelf goedkoop! Hoe kunnen we ze belachelijk maken als ze het zelf al heel goed doen?

Plezier hebben tijdens het oefenen: de TAkATtAk

Dit bordspel uit Luik, uitgevonden door Geneviève Smal en Sullivan Hismans, laat je op een speelse manier werken aan je gevoel voor repliek. Het doel van het spel is om zo snel mogelijk te antwoorden op een van de 52 kaarten, waarop een schoppen staat, volgens een precieze instructie: gebruik zelfspot, pirouette, brutaliteit, waarheid of compliment voor de chrono-versie; rijm, alexandrijn, vals citaat, haiku of het eerste woord voor de slimme versie

Ontwikkel vaardigheden om met allerlei persoonlijke en professionele situaties om te gaan!

FAQ

WORDEN WE GEBOREN MET 'REPLIEK IN ONS BLOED'?

Niemand wordt geboren met gevoel voor humor! Het is niet iets aangeboren, verworven door genetische erfenis of door de tussenkomst van de Heilige Geest; het is iets verworven en gepolijst door middel van werk, onderzoek, experimenten, praktijk, mislukking en succes. Sommige mensen zijn zeker opgegroeid en geëvolueerd in een omgeving die gunstiger is voor de ontwikkeling van dit vermogen: een familie van intellectuelen, literaire studies, een bijzondere aantrekkingskracht voor humor, enz. Dit betekent echter niet dat zij de enigen zijn die dit wapen kunnen ontwikkelen.

KAN IEDEREEN GOED ZIJN IN REPLIEK?

Ja, absoluut iedereen kan leren zijn repliek vaardigheden te ontwikkelen. Waar je ook vandaan komt, wie je ook bent of hoe goed je ook bent opgeleid, je kunt je altijd verbeteren als je er de nodige moeite en inzet voor doet. Er is dus geen excuus om niet tenminste te proberen te verbeteren!

WAT IS HET VERSCHIL TUSSEN EEN GOEDE REPLIEK EN EEN SLECHTE?

Het is gewoon het feit dat het ene zijn doel bereikt en het andere niet. Er bestaat niet zoiets als een fundamenteel goede of slechte repliek, het is het succes van de repliek dat de ene of de andere status bepaalt, en dat kan van vele factoren afhangen: de functie en de persoonlijkheid van de gesprekspartner, zijn of haar stemming op dat moment, de context waarin de interactie plaatsvindt, enz. Dezelfde repliek kan dus zowel goed als slecht zijn.

WELKE HOUDING MOET IK AANNEMEN OM EEN MAXIMALE KANS OP SUCCES TE GARANDEREN?

De volgende gedragingen vergemakkelijken een succesvolle repliek.

* **Wees zelfverzekerd**: een slechte zin die met overtuiging, oog in oog, wordt uitgesproken, heeft altijd meer kans om zijn doel te treffen dan een goede, gestamel met een beteuterde blik. In een verbale confrontatie telt de vorm altijd minstens even zwaar als de inhoud.

* **Humor**: de praktijk van zelfspot stelt je in staat een stap terug te doen van jezelf en de situatie en deze daardoor te bagatelliseren. Het ontneemt de tegenstander ook elke grip die hij of zij op de situatie zou kunnen hebben. Ten slotte, door de confrontatie een gematigd belang te geven, dwingt u de andere persoon zijn of haar toon te verlagen, of loopt u het risico overdreven en onsympathiek over te komen.

- **Loslaten**: als u niet langer probeert alles onder controle te houden om met het perfecte antwoord te komen, zult u spontaner zijn in uw antwoorden: ze zullen natuurlijker en dus krachtiger zijn. Het beste is de vijand van het goede, dus zoek niet naar het perfecte antwoord, anders kun je helemaal geen antwoord geven. Luister gewoon naar wat de ander te zeggen heeft, zonder je al te veel zorgen te maken over hoe je gaat reageren, en ga dan vol vertrouwen verder.

WAT ZIJN DE VOORDELEN VAN HET ONTWIKKELEN VAN MIJN REPLIEK VAARDIGHEDEN?

De potentiële voordelen zijn talrijk:

- minder moeite om een vertraging of fout aan uw meerdere te rechtvaardigen;

- meer verzekeringen voor uw klanten en dus meer opdrachten binnenhalen en/of binnenhalen;

- meer natuurlijke autoriteit bij uw werknemers;

- meer vertrouwen in het uiten van uw ideeën of het presenteren van de vruchten van uw werk en dus een beter imago binnen uw bedrijf;

- meer lef en vertrouwen in sollicitatiegesprekken, en dus meer succes bij recruiters;

- meer spreekvaardigheid en dus gemak bij het spreken in het openbaar;

- enz.

HOE KAN IK MIJN REPLIEK VERBETEREN?

Er zijn vele manieren om op dit gebied vooruitgang te boeken.

- **Wees aandachtig en luister naar de persoon met wie u** spreekt: wat hij zegt, zijn boodschap, zijn gemoedstoestand, zijn gebaren, enz. Wees aandachtig en luister naar de persoon met wie u praat: wat hij zegt, zijn boodschap, zijn gemoedstoestand, zijn gebaren, enz.

- **Oefen steeds opnieuw:** schrijf de woorden en uitdrukkingen die je hebt gehoord en die je mooi vindt op en herhaal ze voor je spiegel, totdat je ze "eigen" maakt. Neem bovendien deel aan zoveel mogelijk debatten en discussies en breid uw woordenschat uit.

- **Laat u inspireren door de deskundigen op dit gebied:** podiumprofessionals, politici, mediamensen, grote auteurs, schrijvers van filmdialogen, enz.

- **Besteed aandacht aan uw fysieke houding en werk er zo nodig aan:** uw houding, gebaren, toon van de stem, gezichtsuitdrukkingen, enz., die allemaal positieve of negatieve informatie over u kunnen overbrengen en het effect van uw toespraak kunnen beïnvloeden.

- **Ga zelfverzekerd en veilig op weg:** door de scène te visualiseren en uzelf voor te stellen als de winnaar, vergroot u uw kansen op succes.

- **Ontwikkel je gevoel voor humor en zelfspot:** lach om je complexen, je uiterlijk, je persoonlijkheidskenmerken of stereotypen die verband houden met je afkomst, je geslacht of je religie.

EEN COLLEGA PLAAGT ME VAAK MET MIJN UITERLIJK, HOE KAN IK DAAROP REAGEREN?

Het eerste wat je moet doen is niet te veel belang hechten aan wat hij of zij zegt, wat van hem of haar is. Bovendien probeert hij u misschien gewoon te destabiliseren en probeert hij, nadat hij niets verkeerds heeft gevonden aan de kwaliteit van uw werk, een andere aanpak. Door negatief en agressief te reageren, speel je hem in de kaart en laat je hem zien dat wat hij zegt je kwetst. Kies in plaats daarvan de tegenovergestelde aanpak: lach en ga in de tegenaanval met een grapje. Je hebt geen reden om je te schamen voor wie je bent, dus waarom doe je zo?

Leer met stereotypen te spelen en ze zo mogelijk in uw voordeel om te buigen. Probeert een nieuwe collega op te vallen door de draak te steken met je taille? Zeg hem dat je zijn voorgangers hebt opgegeten en dat zijn beurt snel genoeg komt. Plaagt hij je met je zogenaamd grote oren? Zeg hem dat het je enige spijt is dat je naar al zijn onzin moet luisteren. Er zijn vele mogelijkheden, maar het principe blijft hetzelfde: schaam je niet voor wie je bent, probeer je fouten niet te verbergen, maar neem ze met humor op en gebruik ze om anderen op hun beurt te plagen!

HOE REAGEER IK OP MIJN BAAS ZONDER HEM TE VERVREEMDEN?

Jezelf laten gelden tegenover een collega is niet gemakkelijk, maar het wordt nog ingewikkelder wanneer het een meerdere is die de macht heeft om je beroepsleven tot een hel te maken of je er zelfs uit te gooien. Nogmaals, er is geen goede of verkeerde manier om op dit soort situaties te reageren. Maar er zijn een paar dingen die je kunt doen, en een paar dingen die je met rust kunt laten. Reageer bijvoorbeeld niet te heftig, word niet boos en reageer nooit agressief. In plaats van olie op het vuur te gooien, met het risico dat u een vuur aanwakkert dat u niet kunt blussen, kunt u beter een antwoord zoeken dat de situatie kalmeert en de spanningen verlicht.

Zoals u zult hebben begrepen, is het gebruik van humor hier zeer aan te bevelen. Wees voorzichtig, het is niet de bedoeling om de draak te steken met wat je gespreks-partner zegt (je zou zijn woede alleen maar aanwakke-ren), maar om de situatie te bagatelliseren door de zelfspot te spelen.

Zoals we hebben gezien, bestaat er helaas geen uitputtende lijst van "magische" regels die je gewoon uit je hoofd kunt leren en kunt opzeggen als het moment daar is. De goede lijn van de ene dag is misschien niet de goede lijn van de volgende dag, de retort die de lip van je collega spijkert, is misschien niet de moeite waard voor je baas, en die goede grap die altijd iedereen aan het lachen maakt als je vriend hem nadrukkelijk vertelt, kan in jouw mond een monumentale flop zijn.

Om je eigen stijl te vinden, zul je moeten experimenteren en zelf moeten kijken wat voor jou het beste werkt, wat niet, en onder welke omstandigheden.

• Ben je een defaitist?

Deze houding zal je niet helpen, dus vertrouw op autosuggestie en visualisatie. De volgende keer dat u een presentatie moet geven aan belangrijke klanten of een vergadering moet voorzitten, gebruik dan de voorgaande dagen om te proberen dit advies in praktijk te brengen. Gebruik de vrije tijd overdag om de scène in je hoofd af te spelen en in je voordeel om te zetten. Stel jezelf voor als een zelfverzekerd en zelfverzekerd persoon, klaar om elke lastige vraag in een handomdraai te beantwoorden. Herhaal voor jezelf als een mantra dat je het geweldig gaat doen. In plaats van je te concentreren op je mislukkingen, maak een lijst van je grootste successen. Door het elke dag te lezen, zul je meer geloven in je capaciteiten en zo de ideale voorwaarden scheppen voor succes.

- Heb je veel lijnen waarvan je weet dat ze hilarisch zijn, maar die nooit iemand aan het lachen maken?

Het probleem is waarschijnlijk de manier waarop je ze zegt, werk daaraan om ze te verbeteren. Laat je inspireren door de grote meesters van de bijtende humor, kijk naar hun shows en televisieoptredens. Let goed op hun intonatie, lichaamstaal, het gebruik van de stilte, enz. Oefen dan hetzelfde. Aarzel niet om voor de spiegel te repeteren, of beter nog, om jezelf op te nemen zodat je jezelf achteraf kunt beluisteren. Deze oefening in het afstand nemen van anderen kan bijzonder nuttig zijn omdat we vaak een verkeerd beeld hebben van hoe anderen ons horen.

- Integendeel, je hebt een sterke stem en een doordringende blik, maar je mist de woorden om je effectief te verdedigen?

Nu weet u waar u inspiratie kunt opdoen en hoe u uw repertoire kunt aanvullen. Stel jezelf een eerste doel om een bepaald aantal boeken per maand te lezen of wat meer belangstelling te tonen voor de verschillende praatprogramma's op televisie.

- Ten slotte is er een leuk spel dat u kunt spelen als u uw repliekvaardigheden wilt verbeteren, ongeacht uw beginniveau.

Open een willekeurig woordenboek en neem het eerste woord dat je tegenkomt. Lees de definitie, neem pen en papier en geef jezelf tien minuten om alles op te schrijven waar dat woord je aan doet denken. Als de tijd om is, organiseer je je aantekeningen zo dat je er zoveel mogelijk uit kunt halen, ook al is het niet erg interessant. Start dan de stopwatch opnieuw en probeer deze toespraak mondeling te verdedigen tot je niets meer te zeggen hebt. Geleidelijk aan zul je je steeds meer op je gemak voelen, je zult je ideeën snel kunnen structureren en je zult veel verschillende onderwerpen kunnen bespreken.

U weet zelf het best wat uw fouten en tekortkomingen zijn, dus identificeer ze en pas de bijbehorende tips toe die in deze tekst worden genoemd. Je zult alleen maar beter worden!

BIBLIOGRAFISCHE BRONNEN

"Een goede repliek hebben, jij kunt het ook", in *Placedesreseaux. com*, 2010, geraadpleegd op 8 augustus 2015.

http://www.placedesreseaux.com/Dossiers/reseau-re-lationnel/avoir-de-la-repartie-1.html

CAVELIER (Yvon), "Hoe je altijd ideeën hebt over elk onder-werp en nooit meer kansen mist", in *Copywriting-Pratique. com*, 2012, geraadpleegd op 8 augustus 2015.

http://www.copywriting-pratique.com/comment-avoir-toujours-des-idees-sur-n-importe-quel-sujet-et-ne-plus-jamais-louper-d-opportunites/

CHAUDEAU (Céline), "Comment avoir de la répartie en entre-tien d'embauche?", in *Keljob.com*, 2013, geraadpleegd op 8 augustus 2015.

http://www.keljob.com/editorial/chercher-un-emploi/entretien-dembauche/detail/article/comment-avoir-de-la-repartie-en-entretien-d-embauche.html

DENIS (Séverine), *Avoir de la répartie en toutes circonstances*, Parijs, Eyrolles, 2009.

DIMIER (Jean-Charles), "5 tips voor succesvol repliek!", in *Succesrama.com*, geraadpleegd op 8 augustus 2015.

http://www.succesrama.com/5-astuces-pour-avoir-de-la-repartie-avec-succes/

LE QUINTREC (Florent), "Améliorer sa répartie", in *Journaldunet. com*, 2008, geraadpleegd op 8 augustus 2015.

http://www.journaldunet.com/management/efficaci-
te-personnelle/conseil/ameliorer-sa-repartie/amelio-
rer-sa-repartie.shtml

LUC (Danièle), "L'esprit de répartie : en avoir ou pas", in
Psychologie.com, 2001, geraadpleegd op 8 augustus 2015.

http://www.psychologies.com/Moi/Se-connaitre/
Personnalite/Articles-et-Dossiers/L-esprit-de-repartie-
en-avoir-ou-pas

MARTIN (Jean-Claude), *Comment avoir le dernier mot : développe votre
sens de la répartie pour toujours répondre du tac au tac !*
Parijs, Leduc.s éditions, 2011.

"Historische replica's", in *Reparties.co.uk*, bekeken op 8
augustus 2015.

http://www.reparties.fr/la-repartie-et-lhistoire

AANVULLENDE BRONNEN

Nölke (Mathias), De kunst van het repliek. Zeg niet: "Dat
had ik moeten zeggen", Brussel, uitgaven Elsene, 2011.

We horen graag van u! Laat
een reactie achter op jouw online bibliotheek
en deel je favoriete boeken op social media!

IMPROVE YOUR GENERAL KNOWLEDGE
IN THE BLINK OF AN EYE!

www.50minutes.com

De uitgever garandeert de betrouwbaarheid van de gepubliceerde informatie, die echter niet onder zijn verantwoordelijkheid valt.

Master ISBN: 9782808604680
Papier ISBN: 9782808605892
Wettelijk depot: D/2023/12603/16

Digitaal ontwerp: Primento,
de digitale partner van uitgevers.

Made in the USA
Monee, IL
07 July 2026